FRÉDÉRICK LEMAITRE

PARIS. — TYP. SIMON RAÇON ET COMP., RUE D'ERFURTH, 1.

FRÉDÉRICK LEMAITRE

G^{re} HAVARD, Editeur

LES CONTEMPORAINS

FRÉDÉRICK LEMAITRE

PAR

EUGÈNE DE MIRECOURT

PARIS

GUSTAVE HAVARD, ÉDITEUR

15, RUE GUÉNÉGAUD, 15

1855

L'Auteur et l'Éditeur se réservent le droit de traduction
et de reproduction à l'étranger.

FRÉDÉRICK LEMAITRE

Nous sommes en présence du génie le plus original et le plus excentrique du siècle.

Pour peindre Frédérick Lemaître, il faudrait avoir à la fois en main le crayon de Jacques Callot et le pinceau de Van Dyck, la plume de Lesage et celle de Plutarque.

Ici, la caricature se mêle au tableau, le grotesque se fond avec le sublime, et, — chose bizarre! — on se demande si ce mélange n'était pas nécessaire pour donner au théâtre moderne un digne interprète.

Notez, s'il vous plaît, que nous n'avons pas l'intention de faire une épigramme.

Ainsi que le Protée mythologique, l'art a des métamorphoses sans nombre. Il se révèle sous le haillon comme sous la pourpre; il peut tour à tour avoir pour piédestal l'or ou la fange, et passer du rayonnement aux ténèbres sans être déshérité de l'admiration, sans rien perdre de ses droits à l'éloge.

L'histoire tout entière de Frédérick Lemaître est là pour appuyer cette remarque.

Il est né au Havre, le 21 juillet 1800, d'un père architecte.

Sa vie de comédien est trop curieuse et trop féconde pour que nous ne cherchions pas tout d'abord à économiser quelques pages sur d'insignifiants détails d'adolescence.

Remarquant chez son fils un goût décidé pour la déclamation, M. Lemaître l'amène, vers 1819, à Paris, et le fait concourir au Conservatoire.

L'examinateur ne laisse pas réciter au jeune homme plus d'une vingtaine de vers.

— Travaillez, travaillez! lui dit-il; vous deviendrez sûrement un artiste de premier ordre.

A l'âge de dix-huit ans, Frédérick est beau comme l'Antinoüs bithynien. Sa taille élégante et svelte, ses cheveux noirs, son visage aux lignes correctes, son large front, son œil bleu, noyé dans le vague du sentiment, tout se réunit pour donner à sa personne un caractère très-net de poésie, d'inspiration et de grandeur.

Nous avons cru devoir reproduire ces merveilleux avantages physiques, en choisissant un portrait contemporain des premières représentations de *Kean*.

Au Conservatoire, Frédérick ne manque pas un seul cours. Ses études terminées, il se présente pour entrer à l'Odéon.

Mais, à cette époque, un instinct de

révolte contre les règles consacrées et un mépris formel des traditions se développent déjà dans l'âme du jeune comédien.

L'Odéon refuse d'ouvrir ses portes à ce Calvin de la scène, qui s'insurge contre la discipline dramatique, et veut saper dans leur base tous les points de doctrine établis.

Talma seul proteste contre l'exclusion de Frédérick.

— Eh! s'écrie-t-il, si je n'avais pas fait moi-même une révolution théâtrale, on jouerait encore *OEdipe* et *Britannicus* en habit à la française, en perruque et en culottes courtes!

Le grand acteur tragique avait du flair : il devinait le grand acteur de drame.

Voulant essayer ses forces et se montrer au public, n'importe sur quels tréteaux, notre jeune comédien signe un engagement avec les Variétés-Amusantes, théâtre de quatrième ordre, où l'on représentait alors une pièce à trois acteurs, ayant pour titre : *Pyrame et Thisbé*.

Lauréat du Conservatoire, le nouveau venu s'attendait à jouer le rôle de Pyrame.

Vaine espérance !

Dans la pièce comme dans l'histoire, les deux amants de Babylone se donnent rendez-vous sous un mûrier, hors des murs de la ville. Surprise par l'approche d'un lion, Thisbé se sauve ; on connaît la suite.

Or, Frédérick fut chargé de représenter

le terrible animal, avec son costume fauve et sa longue crinière.

Il fit ses débuts à quatre pattes, ce qui ne manque pas déjà d'une certaine originalité.

M. Bertrand, directeur des Funambules, le délivre de sa peau de bête et le choisit pour compléter sa troupe. Frédérick en devient bientôt le meilleur sujet. On lui confie des rôles importants dans *le Soldat laboureur* et dans *Catherine de Stenberg*.

Des Funambules il passe au Cirque.

Bientôt l'Odéon, plus juste à son égard, le reçoit au nombre de ses pensionnaires. C'était au commencement de 1823.

Frédérick ne resta que cinq mois au second Théâtre-Français. La tragédie et ses rôles guindés n'allaient point à sa nature. On sentait que ce talent, plein d'exubérance et de fougue, demandait autre chose que l'imitation servile et le calque des œuvres mortes. Il lui fallait la création libre et la vie.

L'Ambigu fut le premier théâtre qui éleva Frédérick sur le pavois du mélodrame.

Il y débuta, le 2 juillet 1823, dans *l'Auberge des Adrets*.

Mal reçue d'abord, et sifflée à outrance, la pièce se releva, le lendemain, par un trait de hardiesse inouïe de l'acteur.

Aux répétitions, il avait déclaré plusieurs fois que le rôle de Robert Macaire était absolument impossible, et que le public ne l'accepterait jamais tel que les auteurs l'avaient conçu.

L'événement justifia cette prophétie.

Frédérick, désolé, cherchait, le lendemain, en se promenant sur le boulevard, un moyen de relever la pièce de sa chute, lorsqu'il aperçoit tout à coup un personnage étrange, arrêté devant la boutique d'un marchand de galette.

Il regarde cet individu, couvert, des pieds à la tête, de vêtements indescriptibles.

Jadis, on le devine, ces vêtements ont

eu un certain cachet d'élégance. Mais ils tombent en lambeaux. La misère et la débauche y attachent toutes leurs souillures, sans que celui qui en est affublé semble rien perdre de son air audacieux et de la bonne opinion qu'il a de lui-même.

Campé fièrement sur des bottes éculées et percées à jour, un feutre crasseux et déformé sur l'oreille, il rompt du bout des doigts un morceau de galette d'un sou, le porte à ses lèvres avec les délicates allures d'un petit-maître, et le mange en vrai gastronome.

Sa collation faite, il tire de la poche de son habit une loque pendante, s'en essuie minutieusement les mains, époussète son costume immonde, puis continue sa promenade sur le boulevard.

— C'est là mon personnage, dit Frédérick, je le tiens !

Effectivement, il venait de découvrir, en chair et en os, le type qu'il avait vaguement conçu, lors des répétitions de l'*Auberge*

Robert Macaire était trouvé !

Le soir même, au théâtre, le comédien se montre au public avec un habit, un feutre et des bottes, absolument pareils aux bottes, à l'habit et au feutre de l'homme du boulevard.

Il imite les manières de ce fashionable en haillons, son calme grotesque, sa dignité sinistre; il décide son camarade

Serres à une métamorphose analogue pour le rôle de Bertrand, et la pièce obtient un succès à tout rompre.

Certes, on doit le dire, il est difficile de fournir à la scène une création [1] plus saisissante à la fois et plus immorale.

Nous verrons bientôt Frédérick la compléter encore sous ce double aspect.

Ses appointements furent élevés, dès ce jour, à un chiffre considérable. Tous les samedis, il s'amusait à se faire payer, par

---

[1] Dans le cours de sa carrière dramatique, on peut dire que Frédérick Lemaître a toujours créé ses types, au lieu de développer ceux que lui indiquaient les auteurs. Voilà ce qui le distingue des artistes d'analyse et d'étude, comme Samson, par exemple, qui nous donnent des portraits scrupuleusement calqués d'après nature. Frédérick exprime ce qu'il a conçu, et non ce qu'il a observé.

l'administration du théâtre, en pièces de cent sous. Chargeant ensuite sur ses épaules le sac énorme renfermant ses honoraires de la semaine, il traversait avec orgueil la foule qui l'attendait à la porte du théâtre, et lui donnait gratis le spectacle de cette excentricité.

Tout en gagnant des sommes folles, notre comédien n'était pas d'humeur, comme beaucoup de ses confrères, à payer les bravos et la gloire.

Un journaliste, très-connu pour sa plume vénale, un de ces bandits napolitains de la presse, dont nous avons déjà fait la peinture, et dont la race n'est malheureusement pas éteinte [1], entre un jour

---

[1] Voir la biographie de Meyerbeer.

chez Frédérick, et le prie de vouloir bien disposer en sa faveur de quelques billets de banque.

Notre comédien refuse.

— Pourtant il s'agit de très-peu de chose, dit le *condottiere* littéraire : mille ou douze cents francs par an; qu'est-ce que cela pour vous? Grâce à cette modeste subvention, vous serez parfaitement traité dans mes colonnes.

— Monsieur, dit Frédérick, je ne veux pas être loué à prix d'or! Ce sont d'autres louanges qu'il me faut.

A ces mots, il pousse le vil écrivain par les épaules, et le met à la porte.

Deux jours après, article dénigrant contre l'acteur.

Celui-ci ne profère pas un mot de plainte. Il attend que le bandit reparaisse au théâtre, va d'un air tranquille à sa rencontre, salue, et lui administre, en plein foyer des artistes, la plus admirable paire de soufflets qui eût jamais retenti sur face humaine.

Grand éclat.

Le folliculaire tempête, et veut rendre outrage pour outrage.

Or, l'acteur, doué d'une puissance de muscles peu commune, prend les deux mains de notre homme dans son poignet de fer, et dit à ses camarades, témoins de l'exécution :

— Demain, s'il le faut, je me battrai avec ce misérable; mais, avant tout, je tiens à le traiter, en votre présence, comme il le mérite, c'est-à-dire comme un drôle!

Et, de taloches en taloches, il le reconduit jusqu'au seuil du foyer, lui administrant sa botte à l'endroit où s'arrête l'épine dorsale (style Janin).

Le bandit en question n'exerce plus.

Il vit de ses rentes.

Mais il a un héritier de ses exigences métalliques et de son hideux chantage.

En vérité, dans leurs ménagements incompréhensibles, beaucoup d'artistes parisiens peuvent être soupçonnés de fai-

blesse ou de peur. La recette de Frédérick
est bonne. Qu'ils en usent.

On vint proposer à notre héros de quitter l'Ambigu pour la Porte-Saint-Martin.

La création de Georges de Germany,
dans *Trente Ans ou la Vie d'un joueur*,
lui était destinée. Ceux qui ont vu la pièce,
à cette époque, vous diront combien il y fut
admirable, et quels développements inouïs
de passion et de désordre il sut donner à
ce rôle.

Bouillant de sève, radieux de jeunesse,
plein de vigueur, Frédérick Lemaître avait
alors une vie extravagante, qui eût tué
Bacchus et rendu Hercule poitrinaire.

Mais les excès n'enlevaient rien encore

à la magnificence de sa beauté physique.

Jamais on ne pourra donner la liste de ses triomphes en amour, ni supputer le nombre de ses victimes.

Une provinciale naïve, impressionnée par son talent, séduite par son bel air, et cédant aussi peut-être à l'attraction qui porte vers les mauvais sujets un sexe trop sensible, retourne quarante-cinq fois de suite admirer l'acteur dans le rôle de Georges.

Elle parvint, — ô joie suprême! — à se faire remarquer.

Frédérick lui expédie un poulet par le coiffeur du théâtre. Des rendez-vous s'organisent, et la dame offre au sublime artiste son cœur d'abord, puis une trentaine de mille francs, qu'une succession vient de lui donner dans sa province.

— Un cœur, cela s'accepte; mais de l'argent, fi !

L'héroïne garde sa bourse.

Toutefois, comme il faut de jolies robes et des diamants pour se montrer au bras du grand comédien, comme les parties de plaisir se renouvellent chaque jour, comme un équipage est indispensable aux promenades, les trente mille francs disparaissent en moins de six semaines, et la bonne harmonie s'éclipse avec les écus.

D'autres amours entraînent bientôt l'artiste dans leur orageux tourbillon.

Cette provinciale inconsidérée devint marchande à la toilette au Temple.

Quand elle parlait de Frédérick, elle commençait tout d'abord par s'exhaler en invectives; mais, petit à petit, elle cédait à l'attendrissement et terminait ainsi sa harangue :

— N'importe, on ne peut pas oublier ce coquin-là. Si vous saviez comme il est aimable ! Je lui dois mes plus beaux jours.

Bien des gens ont semé leur héritage sur le chemin de la passion, sans conserver pour cela le charme du souvenir.

Soit dit, bien entendu, sans conclure en faveur de la moralité de l'anecdote.

Après *Trente Ans*, Frédérick Lemaître joue *l'Écrivain public*, Edgard de *la Fiancée de Lamermoor* et le drame de *Faust*, où son génie se développe dans des proportions nouvelles.

Quinze jours entiers, par tous les expédients que la mimique lui suggère, il cherche à rendre ce rire infernal de Méphistophélès, indiqué par Gœthe, mais sans pouvoir réussir.

Il se décide alors à y substituer une grimace diabolique, se pose devant son miroir, s'exalte de plus en plus dans l'étude de son rôle, et parvient à obtenir un jeu de muscles qui donne à sa figure une épouvantable et sinistre expression.

Le rire de Méphistophélès une fois trouvé, Frédérick tient à juger de l'effet qu'il produira.

Du miroir, il passe à sa fenêtre en conservant la même expression de visage.

Aussitôt les individus qui l'aperçoivent donnent des signes d'épouvante. Une femme lève la tête et s'évanouit.

— Bien! dit l'artiste, ma grimace est bonne!

Véritablement, après tous ces rôles à succès, on peut dire que Frédérick avait conquis un sceptre à la scène. Il régnait sur le public, et le public idolâtrait ce roi de la rampe.

Avec ses sujets il pouvait tout se permettre, sans craindre l'émeute.

Un soir, pendant un acte où il ne devait point paraître, il s'appuie, tout en causant avec un de ses camarades, contre cette partie des coulisses appelée le manteau d'Arlequin.

Sous son coude, un bouton de cuivre se rencontre.

— A quoi peut servir cette machine? fit-il en l'examinant.

— N'y touchez pas, monsieur Frédérick, n'y touchez pas ! crient les employés du théâtre. C'est le régulateur du gaz.

— Bah !... Le gaz a donc un régula-

teur?.... il est bien heureux, le gaz !.....
Voyons cela !

Une idée folle lui traverse la cervelle. Il tourne le bouton de cuivre.

Aussitôt la salle tout entière est plongée dans les ténèbres, et deux mille personnes jettent un cri de surprise, mêlé d'effroi.

Mais on apprend que Frédérick est l'auteur de ce tour pendable. Dès lors la plaisanterie semble charmante, et, quand il rentre en scène, à l'acte suivant, on accueille ses burlesques excuses avec des rires joyeux et des bravos.

L'Ambigu ne tarda pas à reprendre à la Porte-Saint-Martin l'artiste qu'on lui avait enlevé.

Sur le théâtre de ses premiers succès, Frédérick joua *les Comédiens;* puis on lui donna, dans *Péblo,* madame Dorval pour émule de gloire.

Ces deux puissances du drame enfantèrent des prodiges; mais le public distribuait entre elles ses applaudissements, et l'amour-propre ne s'arrangeait plus du partage.

Frédérick apostrophe le directeur d'un air furibond.

— Votre horrible claque me fend les oreilles! s'écrie-t-il. J'entends que vous m'en débarrassiez au plus vite, ou sinon...

Comme il allait poser son ultimatum, Dorval arrive à son tour

— Est-ce que vous êtes fou? dit-elle au directeur. A quoi servent ces imbéciles avec leurs battoirs? Chassez tout cela du parterre, et laissez le véritable public à ses impressions. Si vos Romains ne disparaissent pas, je ne joue plus.

— Ni moi, dit Frédérick.

— Allons, soit, la claque est dissoute, fit le directeur.

Or, le lendemain, le véritable public, livré à ses propres impressions, n'applaudit personne.

— Il est évident, se dit notre héros, que les individus qui m'admirent craignent d'être pris pour des claqueurs en manifestant leur enthousiasme. Nous allons y mettre bon ordre.

En effet, à la représentation la plus prochaine, des bravos éclatent, et s'adressent à Frédérick tout seul.

— Voilà des gens qui ont bien mauvais goût! pense Dorval. Ceci ne peut durer.

Le jour suivant, elle est applaudie à son tour.

Mais bientôt, chose extraordinaire! le public bat des mains à tout propos, et fait indistinctement des ovations à n'importe quel artiste jouant dans la pièce. Les figurants eux-mêmes ont leur part dans ce triomphe universel.

— Qu'est-ce à dire? s'écrient madame Dorval et Frédérick retournant ensemble chez le directeur. N'aviez-vous pas affirmé qu'il n'y aurait plus de claque?

Celui-ci hausse les épaules et répond :

— Depuis qu'il n'y en a plus, il y en a trois : celle de madame, la vôtre et celle de toute la troupe !

Rien n'était plus exact.

En admirant les demi-dieux de la scène, il est bon de connaître leurs petits travers et leurs faiblesses, autrement on leur dresserait des autels trop majestueux.

Pris à doses raisonnables, l'encens ne les exalte plus. Ils sont préservés de la fièvre d'orgueil.

Jamais Frédérick n'a pu souffrir qu'un camarade recueillît à ses côtés la moindre collecte de bravos.

Il ne nous souvient plus dans quel mélodrame on le voyait apporter entre ses bras le cadavre de son jeune frère. Toujours est-il que l'obscur acteur qui remplissait ce rôle s'identifiait si bien avec l'immobilité du dernier sommeil, que le public, saisi d'étonnement, crut devoir, en conscience, couper en deux une des plus belles tirades du grand comédien, pour témoigner au petit frère mort toute la satisfaction que lui donnait son jeu.

— Voilà, dit Frédérick, un gaillard bien impertinent, de se faire ainsi applaudir jusque sur mes bras!

Il se penche, tout en débitant son rôle, et souffle dans les narines du mort ; celui-ci ne bouge pas. Cédant alors à un accès de désespoir, toujours motivé par le rôle, Frédérick arrache au défunt une poignée de cheveux : pas un geste. Alors le grand frère semble succomber à sa douleur, ouvre les bras, et laisse choir le cadavre, qui tombe avec héroïsme, les reins sur les planches, sans faire un mouvement.

C'était superbe.

Toute la salle trépigne ; les bravos deviennent frénétiques, et l'illustre comédien sort furieux.

Passant la nuit à réfléchir, il trouve, pour le lendemain, des procédés moins cruels, mais plus infaillibles.

En apportant son frère, il lui chatouille avec beaucoup de délicatesse le dessous des bras et la plante des pieds.

Le malheureux défunt n'y tient plus.

Il ressuscite, part d'un éclat de rire, saute à terre, et se fait siffler.

C'était là tout ce que demandait Frédérick; les bravos des spectateurs furent désormais pour lui seul [1].

---

[1] Si égoïste sur les planches et si jaloux des applaudissements, il s'est, un soir, moqué de lui-même de la façon la plus spirituelle. C'était, en 1847, à l'une des dernières reprises de *Robert Macaire*. Voyant qu'il n'était point rappelé à la fin de la pièce, il ordonne qu'on lève le rideau. « — Messieurs, dit-il en s'adressant au public, je désirerais savoir si M. Auguste n'est pas ici? (M. Auguste ne répond pas, et les spectateurs se regardent avec surprise.) Et M. Antoine? (Même silence.) Eh bien, messieurs, je suis victime

A cette époque, il poussait l'égoïsme de la gloire personnelle jusqu'à faire supprimer aux répétitions les effets étrangers à son rôle. Il finit un jour, de la sorte, par réduire une pièce à un immense et magnifique monologue.

Voyant ce joli résultat, le théâtre fit rétablir les coupures, et Frédérick cria partout qu'il était victime de la jalousie de ses confrères.

L'Odéon lui signa bientôt un riche engagement.

---

de l'indélicatesse du chef et du sous-chef de claque. Ce matin, je leur avais donné quarante francs pour me faire rappeler : ils ne sont là ni l'un ni l'autre. Vous voyez, messieurs, je suis *floué!* » Et la salle d'éclater d'un rire homérique à cette dernière saillie de Robert Macaire.

Il reparut sur la seconde scène française dans *le Maréchal d'Ancre*, — *les Vêpres siciliennes*, — *Othello*, — *le Moine*, — *la Mère et la Fille*, — et dans le *Napoléon* d'Alexandre Dumas.

Une idée fixe tourmentait l'acteur et ne délogeait plus de son cerveau.

Robert Macaire, son type de prédilection, n'avait pas eu, selon lui, tous les développements dont il était susceptible. Il s'associa deux auteurs [1], qui acceptèrent ses idées et lui permirent de diriger leur travail.

Bientôt le hideux pendant de *l'Auberge des Adrets* fut mis à l'étude aux Folies-Dramatiques, et tout Paris cou-

[1] Benjamin Antier et Saint-Amant.

rut applaudir la déification du vol et de l'assassinat.

Robert Macaire fut représenté vers la fin de 1835.

Oui, Frédérick s'est montré sublime dans ce rôle, mais à quel prix? Un succès pareil doit lui rester sur la conscience comme un remords.

Au milieu des représentations de la pièce, arrive l'époque des étrennes. Pensant causer à ses voisins une agréable surprise, Frédérick, le 1ᵉʳ janvier, habille son fils, âgé de six ans, des haillons de Macaire, et l'envoie souhaiter la bonne année à tous les étages de la maison.

Passionné pour son rôle, il s'amusait à

en transporter quelques détails à la ville.

Un matin, au café de Malte, on lui apporte, après son déjeuner, la carte payante. Il se lève, jette dix francs au comptoir et se dispose à sortir.

— Mais la carte est de dix francs cinquante, observe le maître du café.

— Bien! bien! dit Frédérick; les cinquante centimes sont pour le garçon.

Le théâtre et la caricature ont, depuis, habillé ce mot sous toutes les formes et dans tous les styles; mais notre héros en est le premier éditeur.

On doit lui rendre ce qui lui appartient.

Pendant ce même hiver de 1836, il patinait, toutes les après-midi, sur le bassin du Luxembourg.

Quelques promeneuses s'arrêtaient pour admirer la grâce de ses évolutions. Tout à coup l'une d'elles, au moment où il passe dans son voisinage, le reconnaît et lui crie :

— Mes quinze francs, monsieur Frédérick ! Vous avez donc oublié mes quinze francs ?

Notre acteur s'arrête.

Il aperçoit son ancienne hôtesse du quartier Latin, chez laquelle il demeurait, lors du premier engagement à l'Odéon.

— Vos quinze francs, madame !... je

vous trouve bien osée ! répond-il avec un calme imperturbable. Sous l'alcôve de ma chambre, dans ma vieille malle, j'ai laissé une vieille perruque. Cette perruque m'avait coûté trente-cinq francs, madame ! Vous me redevez un louis ; je le ferai prendre chez vous un de ces matins... Serviteur !

Il glissa sur son patin gauche et disparut.

Le lendemain, l'hôtesse touchait son reliquat de compte. Frédérick n'avait jamais entendu nier sa dette ; il voulait seulement se donner la satisfaction de jouer Robert Macaire en plein jour.

Cependant ses collaborateurs des Folies-

Dramatiques avaient vendu la pièce à Barba sans le consulter. Ne voulant point que sa création favorite devînt la proie des théâtres de province, l'acteur fit un appel aux tribunaux.

Il eut gain de cause.

Avant de passer dans la salle des délibérations, le président lui demanda :

— Monsieur Frédérick Lemaître, avez-vous quelque chose à dire ?

— Oui, monsieur le président, répondit-il.

Faisant alors un demi-tour et regardant sa partie adverse d'un air courroucé, il lui dit, avec ce geste et cette intonation qu'il faut renoncer à peindre :

— Monsieur Barba, vous êtes... un libraire !

Puis il se dirigea vers la porte avec une solennité grotesque.

Tout l'auditoire éclata de rire. Les juges eux-mêmes ne purent conserver leur sérieux.

Après avoir joué le sinistre et trivial voleur, Frédérick donna de nouveau la preuve que son génie pouvait s'incarner dans des rôles absolument contraires. Il se montra pathétique après avoir été bouffon, noble après avoir été grossier. Du cynisme le plus abject, il passa d'un seul coup, sans transition, à la délicatesse de sentiments, à la grandeur d'âme.

Nous le voyons reparaître à la Porte-Saint-Martin pour y créer *Richard d'Arlington* et Gennaro de *Lucrèce Borgia*.

Le décousu de sa vie ne fut jamais si étrange qu'à cette époque.

Harel, son directeur, était obligé, presque chaque soir, de lui expédier des émissaires au restaurant situé en face du théâtre [1]. Frédérick s'y livrait à des dîners monstres, et, quand on venait lui dire que la toile allait se lever :

— Diable ! diable ! murmurait-il ; je n'ai pas un centime en poche. Voici mon addition ; portez-la bien vite à Harel, et prévenez-le qu'on me retient en otage.

[1] *Le Banquet d'Anacréon.*

Le directeur envoyait aussitôt la somme indispensable à la délivrance de son premier rôle.

Quelquefois l'addition s'élevait à plus de cent francs.

N'importe, Harel s'exécutait.

Si Frédérick avait déjeuné copieusement, il ne dînait plus; mais la bourse du directeur courait alors une autre espèce de péril. Son pensionnaire lui arrivait en voiture, après s'être fait promener cinq ou six heures, sous prétexte de digestion, dans Paris ou la banlieue. Jamais, comme de juste, il n'avait la somme nécessaire au payement de son fiacre.

Harel s'exécutait encore.

Dans le cours de la soirée, pendant les entr'actes, Frédérick s'éclipsait comme une ombre. Son absence n'était souvent pas remarquée d'abord, et, les décorations prêtes, l'orchestre jouait.

— Frédérick! où donc est Frédérick? demandait-on.

Notre héros était en bas, au café du théâtre, se mêlant à des parties où l'on jouait fort gros jeu. La plupart du temps il se trouvait en perte quand le régisseur accourait lui dire:

— Monsieur Frédérick, le rideau se lève.

— Eh! que voulez-vous que j'y fasse? Impossible de m'en aller, mon cher; il faut que je regagne ou que je paye. Dette de jeu, dette d'honneur.

A cela que répondre ? Harel s'exécutait toujours.

Comme les recettes étaient excellentes, il n'osait pas trop se plaindre de ces gratifications forcées.

Frédérick nommait cela son casuel.

Remplissant la caisse du théâtre toutes les fois qu'il figurait sur l'affiche, il se faisait d'autant moins scrupule d'écorner les bénéfices de la direction, que celle-ci n'était pas fort délicate dans ses manœuvres administratives[1], et ne se gênait guère

---

[1] Harel ne payait ses artistes qu'à la dernière extrémité. L'histoire de sa caisse est une histoire extra-

pour prendre de toutes mains et à tout propos.

Ce n'est pas une raison, direz-vous.

D'accord, mais c'est peut-être une excuse.

— Mon cher Frédérick, dit un soir Harel à l'acteur, j'ai à vous faire une proposition qui ne vous déplaira pas.

— Soit, répond celui-ci. Vous me conterez cela demain, en déjeunant.

Le lendemain, on déjeune, comme déjeunait alors notre héros, avec force truffes et force champagne.

vagante. Il se tirait d'embarras par des procédés inqualifiables. Un jour il affiche dans le théâtre l'avis suivant : « Demain, la caisse sera ouverte depuis *deux heures trois quarts* jusqu'à *trois heures moins un quart.* » Les créanciers accourent, sans comprendre d'abord : ils s'en retournent mystifiés et bernés.

Au dessert, Harel entame la question.

— Je vais droit au but, dit-il. Mon projet formel est de diminuer vos appointements de moitié.

— Hein? s'écrie Frédérick, bondissant sur son siége. Vous moquez-vous de moi?

— Le théâtre est à la veille d'une faillite, dit Harel.

— Comment cela? Je vous ai fait gagner plus d'un million. Où diable jetez-vous votre argent?

— Eh! mon cher, où jetez-vous le vôtre?

— Moi, c'est autre chose; je n'en dois compte qu'à moi-même.

— Allons, allons, dit Harel, ne nous fâchons pas! Je continuerai de vous payer la somme intégrale, tout en paraissant ne plus vous donner que la moitié..... Comprenez-vous? De cette façon, je pourrai diminuer aisément vos confrères, et le théâtre marchera.

Frédérick se lève.

Il regarde Harel dans le blanc des yeux, et lui dit :

— C'est affaire à vous, directeur de mon cœur! Vous dégrisez les gens par une seule phrase. Ainsi, vous m'avez cru capable.....

— Non... pas du tout... je plaisantais, se hâte de répondre Harel, voyant étinceler l'œil du comédien, et lui trouvant un geste de mauvais augure.

— Ah! vous plaisantiez! dit Frédérick... Eh bien, je trouve la plaisanterie mauvaise. N'y revenez plus!

Il n'était pas dupe de la brusque volte-face du directeur.

Trois jours après, il se vengea de l'indélicate proposition par un mot sanglant.

C'était dans le cabinet même de Harel.

Un jeune homme fort bien vêtu se présente, portant sous le bras un manuscrit enroulé. A la vue de Frédérick, il recule discrètement et veut sortir.

— Non, restez, et parlez devant monsieur, dit Harel. Il est de la maison. Vous m'apportez un drame?

— Oui, répond le jeune homme.

— Êtes-vous seul, ou en collaboration?

— Je suis seul.

— Alors, vous êtes connu au théâtre?

— En aucune sorte. C'est ma pièce de début.

— Voici qui est fâcheux, murmure Harel, observant la mise riche et soignée du jeune auteur. Savez-vous les conditions imposées à ceux qui font leurs premières armes? L'essentiel, pour nous autres, est d'élever le plus possible le chiffre des recettes au-dessus du chiffre des dépenses.

— Je comprends cela, monsieur.

— Nous devons, en administrateurs prudents, refuser les œuvres de tout auteur qui n'a pas encore eu le baptême du succès, à moins qu'il ne nous garantisse les frais qu'occasionnera la mise à l'étude de sa pièce.

— C'est bien mon intention, dit le jeune homme.

— Puisqu'il en est ainsi, fit Harel, nous pouvons nous entendre. Votre drame est en cinq actes ?

— En trois, monsieur.

— Tant pis ! cinq actes ne vous auraient pas coûté un sou de plus.

Le dialogue se poursuivit sur ce ton,

jusqu'au moment où le jeune homme eut signé au directeur un contrat de dix mille francs.

Plus juif que Shylock, Harel lui fit un compte d'acteurs, d'actrices, de figurants et de figurantes, de comparses, de costumes, de décorations, de machines, de musiciens, de souffleur, de gaz et de pompiers, qui eût donné la chair de poule à un auteur moins désireux de se produire et moins riche.

Frédérick Lemaître était resté tranquillement assis dans un coin du cabinet.

Voyant le directeur reconduire sa victime, il se lève, s'approche, pose la main sur l'épaule de Harel, et dit :

— Pourquoi le laissez-vous partir? Il a encore sa montre!

Le théâtre de la Porte-Saint-Martin continuant de marcher de plus en plus vers le gouffre de la faillite, les Variétés réclamèrent Frédérick pour jouer *Kean*, assez piteux canevas d'Alexandre Dumas, sur lequel le grand acteur sut broder un rôle étincelant de désordre et de génie.

Car c'est là tout Frédérick, il faut bien le dire. Dans cette pièce, plus que dans aucune autre, il fut lui-même.

Jamais il n'arrivait au théâtre sans avoir sacrifié largement au dieu du pampre. Ce qu'il y a de plus singulier, c'est qu'il semblait devoir à cette surexcitation même ses plus grands effets d'excessive sensibilité, de lyrisme et d'audace [1].

Un soir, il fit attendre le public pendant quarante-cinq minutes.

[1] Pendant les entr'actes, Frédérick, lorsqu'il ne descendait pas au café du théâtre, se faisait apporter dans sa loge sept ou huit bouteilles de bordeaux, qui, la pièce jouée, se trouvaient absolument vides. Dans sa voiture, — car il était alors assez riche pour se permettre équipage, — il avait fait établir des compartiments, où l'on plaçait des fioles de tout genre. Nous l'avons aperçu nous-même, courant le boulevard en calèche, et tenant une bouteille aux lèvres, en guise de cigare. Du reste, Frédérick n'a jamais eu le vin triste. A l'époque de ses premiers débuts à l'Odéon (il n'avait pas alors de calèche), passant, un soir, sur le Pont-Neuf, après un dîner copieux, il s'arrête devant la boutique d'un marchand de beignets. — Combien cela? fit-il, enlevant au bout de son parapluie crotté une crêpe en étalage. — Deux sous, répond le friturier, interloqué de ce procédé excentrique. — C'est trop cher! répond l'acteur. Il laisse retomber la crêpe dans son assiette, et continue son chemin, magnifique de calme et de dignité.

La salle était dans une indignation terrible.

On menaçait de briser les violons de l'orchestre, dont la musique beaucoup trop prolongée agaçait les spectateurs au lieu de calmer les ennuis de l'attente. Le théâtre avait en vain commandé une battue chez tous les restaurateurs et dans tous les estaminets du voisinage. Point de Frédérick.

Enfin on le voit paraître.

Mais il aurait eu besoin, ce soir-là, comme Silène, d'être soutenu par les nymphes.

— Holà! cria-t-il, place au théâtre!

— Vous n'entrerez pas ainsi en scène!

dit le régisseur furieux. On va rembourser le public, et vous payerez le dommage.

— Ah! ma foi, ce sera justice! fit Dumas, présent à l'altercation.

— Paix!... taisez vos becs, dit l'émule de Silène, ou je vous *casse* [1]*!* (Textuel.)

A ces mots il montre son poing d'Hercule à ceux qui veulent le retenir, envoie l'auteur de *Kean* rouler contre un décor, et crie d'une voix formidable :

— Qu'on lève le rideau!

Sans doute le public va l'écraser de sa colère. Pas du tout.

Le grand acteur, en cette suprême oc-

---

[1] Expression tirée de l'idiome des rapins et des acteurs.

currence, domine le trouble de son cerveau, fait appel à tout son génie, et subjugue, par une entrée magnifique, la salle orageuse.

Les applaudissements éclatent en triple salve.

Bientôt on arrive à certain passage de la pièce, où Kean déplore ses excès et ses désordres.

Encore ému par la scène des coulisses et sentant avec vivacité le malheur de sa passion, Frédérick abandonne la prose vide et flasque de Dumas, pour improviser un thème sublime, plein de regrets et de larmes, qui jette la salle entière dans le transport.

Pendant cinq minutes, un tonnerre de

bravos ne lui permet pas de continuer son rôle. On applaudit du parterre aux combles. C'est un délire.

Avisant, tout près de là, dans une avant-scène, Alexandre Dumas confondu, Frédérick s'approche, et lui jette au visage cette phrase triviale et railleuse :

— Hein, cadet, ça te la coupe ! (Toujours textuel.)

Ce trait peint complétement l'homme, bizarre mélange de grotesque et de sublime, de cynisme et d'élévation.

Frédérick était marié.

Par des causes dont cette notice n'a pas besoin d'expliquer la nature, son union fut malheureuse et se rompit.

Si jamais on vient à écrire une épopée sur le Kean français, mademoiselle Atala Beauchêne [1] aura tous les droits possibles à un chant spécial, et mademoiselle Clarisse Miroy, cette excellente et douce Marie de *la Grâce de Dieu*, ne devra pas être non plus oubliée par le poëte.

Cependant on venait de fonder le théâtre de la Renaissance.

En apportant à Anténor Joly le manuscrit de *Ruy-Blas*, Victor Hugo déclara

---

[1] Un ami de Frédérick, étant allé le voir, un dimanche, à sa maison de campagne de Pierrefitte, recula de surprise en reconnaissant deux femmes installées dans le salon et jouant au piquet. — « Je n'en crois pas mes yeux, dit tout bas le visiteur au comédien : comment ! ta femme... et l'autre ! — Mon pauvre ami, murmura Frédérick, j'ai eu bien du mal ; mais enfin j'ai réussi. Elles sont devenues fort bonnes camarades. »

que ce rôle ne pouvait être joué que par le seul Frédérick [1]. Après lui, personne, en effet, n'osa plus l'aborder.

Plus tard, lorsque la pièce fut reprise à la Porte-Saint-Martin, le vertueux Moëssard, alors régisseur, ne savait comment ordonner une des scènes les plus importantes.

C'était à la répétition générale ; le cas devenait grave.

Or, Frédérick est de première force sur la mise en scène ; mais, tranquille spectateur de l'embarras universel, il restait là, sans faire un geste, sans dire un mot.

Hippolyte Cogniard s'approche de la rampe.

[1] Voir la biographie de Victor Hugo.

— Si je ne me trompe, dit-il, M. Victor Hugo doit être dans la salle. Aurait-il la complaisance d'indiquer comment doit se jouer cette scène?

— Pour tout ce qui concerne la disposition, l'arrangement et la marche de la pièce, dit le poëte, se levant au fond d'une loge, il a toujours été dans mes habitudes, à la Renaissance, de consulter M. Frédérick Lemaître. Je le prie de vouloir bien diriger à son gré la répétition.

C'était là ce qu'attendait notre orgueilleux artiste.

En un clin d'œil, sur la scène, tout change, tout prend sa place, tout marche avec précision. Galvanisée par le surprenant comédien, la troupe joue avec le plus merveilleux ensemble. Frédérick lui donne, comme par miracle, le sentiment le plus net des situations, l'intelligence la plus complète des rôles [1].

Frédérick a toujours péché par l'orgueil. La conviction trop intime de son mérite contribua parfois à le rendre mauvais camarade.

Il traitait les employés du théâtre avec un despotisme qui lui attirait souvent des

---

[1] Un fait analogue se produisit au même théâtre, lorsqu'on y reprit *Robert Macaire*. Un acteur, nommé Perrin, répétait le rôle de Bertrand avec une inintelligence absolue, avec une maladresse désespérante. Frédérick le prend à l'écart, lui définit en peu de mots le caractère de son rôle, lui fait comprendre que Bertrand ne doit être que le satellite, l'ombre, la charge de Macaire. Du doigt et de l'œil, il le fait se mouvoir, se placer, se redresser; il lui indique des lèvres toutes les intonations, et voilà Perrin transformé tout à coup en un Bertrand de premier choix.

mots désagréables ou des querelles dangereuses.

A la cinquantième représentation d'une pièce, il voulait que les musiciens se montrassent, comme le premier jour, avides de le voir et de l'entendre. Il leur fit enjoindre expressément de ne plus lire à l'orchestre, dans leurs intervalles de repos, ainsi que, de date immémoriale, ils en ont l'habitude.

L'acteur prétendait que cela gênait son jeu.

Or une première clarinette s'obstina dans ses lectures et refusa de se conformer à une défense qui lui semblait dépasser toutes les bornes de la tyrannie.

Frédérick se plaint, jure, tempête et

demande le nom de l'artiste réfractaire.

Celui-ci passait au moment même.

— Ah! c'est donc vous, lui crie-t-il, c'est vous qui avez eu l'impudence de lire pendant ma grande scène!

— Moi, s'écrie la clarinette... Par exemple!... c'est bien impossible... je dormais!

A la fin de 1848, Frédérick donnait à Lyon quelques représentations de *Kean*.

Un machiniste du grand théâtre, égalitaire farouche, se trouva blessé de ses manières arrogantes. Pour se venger de l'acteur, il exécutait tout à fait en sens contraire ce que prescrivait celui-ci relativement à la disposition des décors.

Frédérick lui ordonne, un soir, de mettre à droite une porte qui se trouvait à gauche.

L'ouvrier n'obéit pas, et, le lendemain, la porte se trouve encore à la même place.

— Machiniste, venez ici ! crie l'acteur. Hier, je vous ai recommandé de transporter cette porte à droite.

— Vous vous trompez, je n'ai point reçu d'ordres, répond le démocrate avec aplomb.

— Tu en as menti, drôle ! dit Frédérick.

— Ah ! j'en ai menti !... ah ! vous m'appelez drôle ! hurle notre égalitaire. Nous allons vous apprendre la politesse.

Il retrousse ses manches et se met en devoir d'assommer Kean.

Celui-ci, calmé sur l'heure et craignant le ridicule d'une lutte à coups de poings avec cet homme, cède à une inspiration soudaine, fait trois pas à la rencontre du machiniste, et s'écrie avec un geste éminemment solennel :

— Apprenez, monsieur, que je suis aussi bon républicain que vous !

Le fougueux démocrate s'arrête éperdu. Jugez de l'aveuglement : il allait frapper sur un frère !

Nous ne reproduirons point ici les épisodes burlesques et plus ou moins socialistes publiés déjà sur notre héros dans la biographie de Samson.

Ruy-Blas, en 1848, essaya de remplir un rôle de tribun, mais sans le moindre succès.

Du reste, notre plume anticipe sur les événements, et nous avons quitté beaucoup trop tôt le théâtre de la Renaissance, où Frédérick, en querelle avec Anténor, joua *l'Alchimiste* en vertu d'une condamnation judiciaire.

Nous le voyons plus tard accepter le rôle principal dans *Zacharie*, à condition qu'on lui donnera cinquante francs toutes les fois qu'il viendra répéter.

Anténor cède à ses exigences, mais les

répétitions menacent de ne plus avoir de terme.

Enfin, on annonce la première représentation. Le public arrive et se trouve en face de l'affiche ci-dessous :

Relache, *par refus de M. Frédérick Lemaître de jouer son rôle.*

On en conviendra, le tour était violent.

Toute la presse jette feu et flamme et prend le parti de la direction contre l'artiste. Celui-ci, épouvanté de l'arrêt de ce tribunal, dont il ne peut décliner la compétence, juge prudent de venir prendre son rôle.

Il entre en scène, et le parterre le siffle avec rage.

Mais l'adroit comédien ne se déconcerte pas. S'avançant au bord de la rampe, il débite ce petit discours :

« Je suis vraiment confus, messieurs, de l'accueil enthousiaste que vous daignez me faire. Agréez l'expression de ma reconnaissance, et croyez que je vais mettre au service du drame toute ma bonne volonté et tous mes efforts. »

Là-dessus, le vent change ; la girouette appelée public tourne, et notre héros est applaudi comme à ses plus beaux jours.

Frédérick ne parlait pas souvent aux spectateurs avec une aussi remarquable soumission.

Parfois il se permit à leur égard certaines impertinences qui lui attirèrent les sévérités de la police. Après ces escapades théâtrales, on l'envoyait, de temps à autre, coucher au violon.

Ce facétieux acteur parie, un jour, qu'il ôtera sa perruque sur la scène sans fâcher le public.

Il l'ôte effectivement; on ne dit mot.

Mais cette indulgence l'encourage. Un instant après, il l'ôte de nouveau, et l'emploie en guise de mouchoir pour s'essuyer le front. Personne au parterre ne sourcille.

Frédérick met la perruque dans sa poche, et le public ne se fâche pas encore.

Surpris de cette longanimité, notre héros s'avance vers le trou du souffleur, s'accroupit commodément, et présente à ce fonctionnaire sa tabatière ouverte.

Pour le coup, la salle éclate.

Au bruit des sifflets, Frédérick se redresse, tire la perruque de sa poche, se mouche dedans, et la jette au nez du paisible souffleur, qu'il vient d'honorer d'une prise [1].

[1] L'histoire de Frédérick offre vingt circonstances de ce genre, où la prise et la perruque jouent un rôle insensé. Bien longtemps auparavant, dans *Cardillac*, il avait déjà lancé sa perruque au parterre. L'outrage fut relevé et puni. Vers 1837, jouant *Robert Macaire* en province, il tire tout à coup de sa poche un sale cornet de papier contenant du tabac, et offre une prise à Bertrand. Le public siffle. Habitué aux revirements de la foule, notre imperturbable scélérat jette le cornet, fouille de nouveau dans sa poche et en ramène une tabatière d'or, dans laquelle il offre une seconde prise à

Un tumulte effroyable s'élève.

On escalade la rampe, afin de contraindre l'insolent acteur à faire des excuses. Il résiste. La pièce est interrompue, et le commissaire du théâtre envoie le coupable en prison.

Il y reste trente-neuf jours.

Une fois libre, il se hâte de faire la paix avec le public.

Son moyen de rentrer en grâce est fort simple : il se surpasse lui-même, et tout est dit.

Dans l'intervalle de sa querelle avec

son complice. On bat des mains. « — Permettez! dit Frédérick au parterre, le cornet valait mieux ; il était dans le sens du rôle. C'est la tabatière d'or qu'il faut siffler! »

Anténor, Frédérick donna une suite de représentations à l'Ambigu et à la Porte-Saint-Martin. *Kean* et *Trente Ans* recommencèrent une nouvelle série de triomphes.

Il était impossible que la Comédie-Française n'appelât point enfin à elle le célèbre artiste.

On le fit débuter, rue Richelieu, dans la pièce qui a pour titre *Frédégonde et Brunehaut.* Les anciens de l'orchestre, phalange édentée et classique en diable, cabalèrent en vain contre lui. Sous des applaudissements tumultueux, la salle étouffa la rancune de ces vieillards et leurs murmures.

Frédérick, jouant *Othello,* s'éleva,

comme toujours, à des hauteurs que lui seul peut atteindre.

Certes, l'artiste était à sa place ; mais l'homme n'y était plus.

Dans la maison de Molière, on a des formes, de la dignité, du savoir-vivre, au moins en apparence, et Frédérick, avec ses goûts de cabotinage, son manque de tenue, ses mœurs bachiques, se trouvait là complétement dépaysé.

La Comédie-Française dut le rendre au boulevard [1].

---

[1] Frédérick avait les sociétaires en profonde aversion. Il les accusait de manquer d'égards envers sa personne. Un jour que ceux-ci rendaient un grand dîner, nous ne savons à quel directeur, on frappe à la porte de la salle du banquet. « — Qui va là ? crient plusieurs voix. — Un homme qui veut enfin vous par-

Ce fut alors qu'on reprit, à la Porte-Saint-Martin, *Ruy-Blas* et *la Tour de Nesle*.

Dans la seconde pièce, Frédérick donna au rôle de Buridan, créé par Bocage, un cachet tout nouveau. *Le Barbier du roi d'Aragon*, *la Dame de Saint-Tropez* et *Don César de Bazan* durent à son génie le grand succès qu'ils obtinrent. Il sut principalement tirer des deux derniers drames, jugés médiocres par tout le journalisme, nombre d'effets prodigieux.

Nous arrivons au *Chiffonnier de Paris*, à ce rôle de Robert Macaire honnête,

---

ler sans fard et vous dire tout ce qu'il a sur le cœur!.» s'écrie Frédérick. Il entre, laisse tomber son manteau, et paraît aux yeux des sociétaires, vêtu d'un simple faux-col et d'une paire de chaussettes.

composé par Félix Pyat pour le célèbre acteur, et que celui-ci s'empressa d'étudier avec tant de patience et tant d'amour.

Frédérick chargea l'allumeur du théâtre de porter son costume pendant trois semaines, afin que ce costume acquît une malpropreté convenable.

Le Chiffonnier fut encore une transformation nouvelle de cet extraordinaire et puissant acteur.

Avec le drame de Félix Pyat et celui des *Mystères de Paris*, qui vint ensuite, il rendit à la caisse du théâtre les grandes recettes d'autrefois, et ne les laissa descendre ni dans *Mademoiselle de la Vallière*, ni dans *Michel Brémond*, ni dans le *Docteur Noir*.

Il profita des congés auxquels il avait droit pour faire, à cette époque, plusieurs voyages à Londres, où il donna *la Mère et la Fille*, — *la Dame de Saint-Tropez*, — *Don César de Bazan*, — *les Mystères de Paris* — et *Robert Macaire*. Les Anglais gourmés acceptèrent difficilement ce héros immoral et grotesque; mais l'acteur finit par triompher de leur répugnance. Ils poussèrent, à la chute du rideau, leurs caractéristiques *hurrahs*. La reine et son époux voulurent assister à une représentation des *Mystères de Paris*.

Quel honneur pour le socialiste Eugène Sue!

A la reprise du *Chiffonnier*, Frédérick, apportant plus de conscience encore à ses études, alla s'établir, quinze jours durant, dans les cabarets immondes de la rue Mouffetard.

Comme il était en train de *canonner* avec ses modèles, afin de mieux approfondir leur caractère et de sonder leurs mœurs, il fut reconnu par l'un d'entre eux, qui alla tout aussitôt prévenir ses nombreux collègues d'alentour.

En un clin d'œil, trois cents chiffonniers se rassemblent.

Ils envahissent le bouge et veulent absolument trinquer l'un après l'autre avec le grand acteur, lui adressant mille félicitations chaleureuses pour les avoir si bien représentés, et parlant de le porter en triomphe.

Frédérick déclina l'ovation, sauta par une fenêtre et prit la fuite.

Tragaldabas, après 1848, fut loin d'obtenir un succès aussi pompeux que le drame de Félix Pyat. La pièce, malgré le talent de Frédérick, ne se releva point de sa chute[1].

Il essaya pourtant de la jouer en province, et le théâtre d'Amiens le vit, un jour, se livrer à l'une de ces fantaisies bouffonnes qu'il se permet si fréquemment en scène.

A certain passage de la pièce, il doit boire du champagne.

---

[1] L'auteur était M. Vacquerie, actuellement à Jersey avec Victor Hugo.

Or, les administrations dramatiques, forcées d'être économes, remplacent ordinairement la bouteille d'aï par un liquide aussi mousseux, mais beaucoup moins agréable au palais.

Frédérick porte le verre à ses lèvres, fait une grimace horrible, crache la première gorgée, et s'écrie :

— Le directeur!... dites un peu au directeur de venir me parler!

Grand émoi dans les coulisses. Le directeur arrive.

— Approchez, lui dit gravement le comédien. Quelle est cette mauvaise plaisanterie, monsieur? Pensez-vous que je sois capable de vous servir de complice et de vous aider à tromper le public?

— Moi? fit le directeur confondu.

— Oui, monsieur, oui, vous-même!

Puis, s'adressant au parterre, Frédérick ajoute :

— Messieurs, vous croyez que je bois du champagne? Eh bien, non, c'est de l'eau de Seltz!

Le public éclate de rire et bat des mains.

— On va vous apporter du champagne, monsieur Frédérick... Un peu de patience!... Je vous jure que c'est une méprise, balbutie le pauvre directeur.

Il se retire, et Frédérick, en attendant

que le vrai champagne lui soit versé, continue son *speach* sur l'eau de Seltz et sur le peu de conscience des directions.

- Ceci chez lui n'est point calculé.

Toutes ces boutades échappent à sa nature exigeante et pleine de passion. Fort souvent il a des sorties beaucoup moins comiques, et où sa mauvaise humeur est impardonnable.

A la répétition générale de *Toussaint-Louverture*, Paris artiste se donna rendez-vous.

Lamartine était aux premières loges, et la Comédie-Française au grand complet se trouvait là.

Frédérick entre en scène. Il parle, il

est superbe. Mais tout à coup, en se retournant, il lui semble qu'on a placé un décor en sens contraire. Aussitôt, devant un pareil public, il ne craint pas de s'interrompre et de crier, sur le ton le plus arrogant :

— Desgranges, pourquoi ce décor n'est-il pas à sa place?

Le régisseur, ainsi interpellé, reste dans les coulisses et ne juge pas à propos de répondre.

— Ah çà! Desgranges, viendrez-vous quand je vous appelle! reprend l'acteur d'une voix tonnante.

Desgranges se montre enfin, mais pour signifier à Frédérick qu'il n'a pas d'ordres à recevoir de lui.

Ce dernier, comme un enfant mutin qu'on remet à sa place, boude et veut quitter la scène. Le directeur est obligé de lui donner des consolations publiques; encore ne parvient-il pas à le calmer entièrement.

Pendant les deux actes qui suivent, Frédérick est déplorable.

Enfin il semble oublier Desgranges et le décor. Son énergique talent reprend toute sa puissance.

On le trouve admirable de diction, sublime de verve, et Provost, s'oubliant dans son enthousiasme, murmure assez haut pour être entendu de la plupart des spectateurs :

— Sacrebleu ! comme cet animal-là dit bien le vers !

A la représentation générale d'une autre pièce, Frédérick s'arrêta tout à coup dans un monologue, déclarant qu'il ne continuerait pas, si l'on n'expulsait à l'instant même des coulisses un pompier qui lui déplaisait.

Notre héros, avec son caractère fantasque, ses habitudes de désordre, son amour-propre extravagant et son égoïsme dans les relations théâtrales, est pourtant doué de qualités précieuses. Nous avons entendu de pauvres comédiens faire le plus grand éloge de la générosité touchante avec laquelle il les a secourus dans l'infortune.

Frédérick Lemaître eut quatre enfants [1];

---

[1] Une fille et trois garçons. L'un de ces derniers est mort.

qu'il éleva sous ses yeux avec un soin extrême et une tendresse sans égale.

Sachant combien il est bon père, deux écrivains dramatiques, MM. Dennery et Marc-Fournier, arrêtèrent le plan d'une pièce où le génie de l'artiste devait être doublé de son cœur.

Affaire d'exploitation, rien de plus.

Paillasse n'est certes point un chef-d'œuvre. Le rôle a même assez bon nombre de côtés absurdes; néanmoins Frédérick, dans le personnage du saltimbanque, a été, si nous pouvons nous exprimer de la sorte, l'incarnation la plus sublime de l'amour paternel.

Ce sentiment n'est indiqué par le canevas des auteurs que d'une manière très-faible : ces messieurs ne sont pères ni l'un ni l'autre.

Marc Fournier est notre ami depuis longtemps.

Disons-le bien vite, c'est le plus aimable garçon de la terre ; mais il a deux défauts terribles : celui de n'être pas Français d'abord, et celui d'être hérétique.

En sa qualité d'enfant de Genève, il s'est permis, un jour, sur un tableau publiquement exposé devant le théâtre de la Porte-Saint-Martin [1], de représenter la *France à genoux*, — premier crime !

[1] Marc-Fournier est directeur de ce théâtre.

De plus, en sa qualité de huguenot, il raconte de Frédérick une anecdote, selon nous fort touchante, et il la raconte en riant aux larmes, — second crime !

Voici l'anecdote.

Charles Lemaître, fils aîné de l'acteur, avait donné à son père quelques sujets de mécontentement assez graves, et Frédérick, cédant à ses vieilles habitudes de mélodrame, s'écria :

— Malheureux ! je te maudis !

Or le hasard voulut que cette malédiction semblât immédiatement suivie d'effet. Quelques revers atteignirent Charles, et sa santé, jusque-là fort belle, s'altéra d'une manière inquiétante.

Aussitôt Frédérick devient sombre.

Il ne dort plus, refuse toute nourriture et paraît affecté d'un vif chagrin. Les directeurs lui font des offres brillantes, il ne veut pas les entendre et passe des journées entières dans son cabinet, à soupirer et à gémir.

Bref, il n'y tient plus, et va prendre son fils, un matin, de très-bonne heure, pour le conduire à l'église.

Là notre comédien fait dire une messe, à laquelle il assiste avec beaucoup de recueillement. Puis, quand le prêtre est descendu de l'autel, il se lève, porte les mains au front de Charles, et prie Dieu d'éloigner la sinistre influence, descendue peut-être à sa voix sur la tête de son enfant, dans une heure de fièvre et d'irréflexion.

N'en déplaise à notre ami Fournier, ceci n'est plus du théâtre; la mise en scène n'y entre absolument pour rien.

C'est un tort de s'obstiner à renfermer toute la vie dans l'horizon des coulisses. On devient myope, et l'on envisage tout sous un faux jour.

Qu'on soit huguenot à trente-six carats, qu'on appelle la messe une momerie, qu'on taxe de superstition toute espèce de sentiment religieux, le cœur du père n'en est pas moins sous l'anecdote, — et voilà ce qui nous empêche de la trouver risible.

Frédérick Lemaître a cinquante-cinq ans.

L'Antinoüs d'autrefois n'existe plus qu'à l'état de ruine, et, cependant, au feu de la rampe, cette ruine humaine se redresse encore avec une surprenante majesté.

Cet œil, que l'on croit éteint, se ranime et lance des éclairs.

Usé par la fatigue, par l'âge et par les excès, Frédérick n'a plus d'organe; mais son attitude est si expressive, ses gestes sont si vrais, son regard est si parlant, que les spectateurs saisissent et comprennent tout ce que sa voix n'exprime plus.

Dans *le Vieux Caporal*, sa dernière création [1], tous les journalistes assurèrent

[1] Nous n'avons mentionné jusqu'ici que les rôles

qu'il ne s'était jamais élevé plus haut, et, dès le second acte, il en avait été réduit, pour ainsi dire, à la mimique pure et simple.

Quelques années auparavant, lors des représentations du *Docteur noir*, Frédérick, affligé de la perte totale de ses dents, ne pouvait déjà plus articuler. Chacun l'entendit reproduire, de toutes les manières et sur tous les tons cette incroyable phrase :

les plus saillants de Frédérick Lemaître. On pourrait nous reprocher d'avoir oublié *Vautrin* (Il se grima dans cette pièce de manière à ressembler à Louis-Philippe, et la fit défendre.), — *Albert*, — *les Aventuriers*, — *Cartouche*, — *Cagliostro*, — *la Bonne Aventure*, — *le Corrégidor*, — *le Chasseur noir*, — *Lisbeth*, — *Mirabeau*, — *Nathalie*, — *la Nuit des noces*, — *les Remords*, — *Robespierre*, — *le Roi des drôles*, — *Sept heures*, — *Scipion*, — *Taconnet*, etc., etc.

« *Ellla marrr montââât tojors!* »
(Et la mer montait toujours.)

Croira-t-on que la salle frémit et sanglota plus de vingt minutes sans que personne parût remarquer l'étrangeté de ce langage?

Frédérick seul subjugue ainsi le public. Jamais un autre n'aurait cette puissance.

Talma dans la tragédie et Frédérick Lemaître dans le drame sont évidemment les deux plus grands acteurs des temps modernes.

Extrèmement soigneux de sa renommée d'artiste et travaillant ses rôles avec la plus inébranlable constance, notre héros apporte à l'étude des moindres détails le soin minutieux de Bouffé. L'énergique et désordonné viveur, dont nous avons jusqu'ici fait l'histoire, n'existe plus. Frédérick est aujourd'hui plus sobre qu'un anachorète ; sa conduite est devenue digne, ses habitudes sont régulières. C'est un bourgeois économe et rangé.

Son habit bleu, toujours le même, et boutonné jusqu'au menton, deviendra sûrement historique, comme l'habit vert de M. de Rambuteau.

FIN.

Mon cher M. Thuillier

veuillez prier M. le
Président, de m'excuser
auprès de MM. Les
Membres du comité
de mon absence

mais, je suis encore
souffrant, de mon
extinction de voix.

Mille compliments

Frédérick Lemaître

www.ingramcontent.com/pod-product-compliance
Lightning Source LLC
LaVergne TN
LVHW050634090426
835512LV00007B/847